SOCIÉTÉ CENTRALE POUR L'AMÉLIORATION DES TRANSPORTS

LE QUESTIONNAIRE DE L'ENQUÊTE

SUR

LES CHEMINS DE FER

PROJET DE RÉPONSE

PRIX : 1 FRANC

ENVOI GRATUIT AUX FONDATEURS

PARIS

AU BUREAU DE LA SOCIÉTÉ CENTRALE

8, RUE TAITBOUT, 8

1872

TABLE DES MATIÈRES

Pages.

LE QUESTIONNAIRE DE L'ENQUÊTE

SUR

LES CHEMINS DE FER

PROJET DE RÉPONSE

Nous avons déjà eu l'occasion de signaler l'importance qu'il y a pour l'industrie, le commerce, les expéditeurs et les destinataires, à faire sur leurs relations avec les Compagnies de chemins de fer, des *cahiers* comme ceux de 1789, destinés à servir de base et d'exposé des motifs aux réformes essentielles.

Les réponses, les mémoires et les dépositions qu'il nous a été donné de connaître nous ont semblé laisser beaucoup à désirer.

Il nous est possible, toutefois, de citer ici, à titre de modèle à suivre, non pas des dépositions à l'enquête, — la commission a seule droit à la primeur de leur publicité, — mais des projets soumis par des particuliers ou par des sociétés libres à des chambres de commerce, à des cités, à des régions industrielles, ainsi que des constatations établies dans des documents et des publications antérieurs à la constitution par l'Assemblée d'une commission spéciale.

L'intérêt dominant, prépondérant, c'est la réforme des tarifs ; les huit premières questions s'y réfèrent principalement. Il faut les envisager d'ensemble et bien se pénétrer du concours qu'elles se prêtent :

1° Quelles sont, pour chaque zone, les marchandises qui l'intéressent spécialement entre toutes ?

2° Quelles sont les perturbations causées sur chacune d'elles par la confusion et l'arbitraire des taxes? Les tarifs réels étant pour la plupart *spéciaux*, il ne peut être répondu à la question que par la citation des entraves *spéciales;* au point de vue *général*, l'étude laisse peu à désirer.

3° Montrer par des exemples comment, sous l'influence des réductions de taxes, l'industrie s'est créée, la consommation multipliée, la production régénérée; signaler les industries, les cultures, les gisements minéraux ou métalliques qui ne peuvent trouver leur suffisant développement par suite de la cherté des transports. Indiquer le prix auquel il faudrait les abaisser pour augmenter le travail.

4° Les tarifs *spéciaux* étant arbitraires et perturbateurs, les tarifs *généraux* doivent être préférés; mais quelles sont les imperfections qui, dans l'état actuel, les rendent inapplicables?

5° Extension de la recherche précédente aux conflits de tarifs entre réseaux différents.

6° Sur quelles bases (valeur, volume des marchandises, distances parcourues, etc.) convient-il de s'appuyer pour s'élever aux réformes.

7° Faut-il considérer l'ensemble des réseaux comme un outil national unique, bien que les sections soient réparties entre des Compagnies différentes?

8° Quelle est la limite d'évolution des denrées et consommations pour telle zone déterminée? La limitation est-elle le fait des conditions de voiturage et peut-on l'étendre?

Tels sont les problèmes essentiels; hors de leur solution il n'y a aucune amélioration à espérer.

Les questions suivantes portent plutôt sur des difficultés momentanées, des actualités passagères que sur le fond.

Nous croyons devoir adresser à nos associés et à nos adhérents ces types d'études, afin que dans chaque rayon il en soit fait application par analogie, et que l'information soit complète. Il ne faut pas que l'industrie, l'agriculture et le commerce s'endorment dans une fausse sécurité, en comptant sur les lumières et la sollicitude de l'administration supérieure, Rien ne sera changé qu'au prix d'une lutte opiniâtre, *labor improbus*. Il y faut non-seulement la convergence des forces, mais aussi le concours de toutes les aptitudes.

QUESTIONS

Première Question

Quelles sont les principales marchandises et denrées composant le trafic de votre région, tant au départ qu'à l'arrivée, par chemin de fer, voie navigable et roulage?

Il ne s'agit pas ici d'une vaine et stérile nomenclature de matières et de denrées plus ou moins similaires qui voyagent dans toutes les directions possibles. Le café, le sucre, les farines, les céréales, les houilles s'expédient partout; mais autre chose est leur circulation vers des points extrêmes de consommation locale; autre chose les puissantes expéditions d'un port de mer, d'un plateau cultivé en blé ou d'un centre d'extraction de charbon. Les statistiques qu'il plaît aux Compagnies de communiquer au public et au ministère sont d'une sobriété de détails et de renseignements tout à fait regrettable.

On comprend combien il serait utile au pays de connaître le mouvement de ses marchandises, les grands courants commerciaux et les besoins particuliers des différentes régions. La commission d'enquête a pensé qu'à défaut du concours des ministères compétents du commerce, de l'agriculture et des travaux publics, les intéressés, en se livrant à des recherches sérieuses, arriveraient à donner au pays les renseignements dont il est privé.

Il importe donc de signaler les produits qui forment le principal élément de richesse de chaque contrée : le plâtre, la chaux, par exemple, circulent partout; mais autre chose est l'usage qu'on en tire dans les constructions, autre chose la consommation qu'en fait l'agriculture comme amendement des terres. Les détaxes, dans le second cas, présentent une importance qu'elles n'ont pas dans le premier.

Les compagnies minières de la Loire et du Nord concentrent leurs protestations sur l'insuffisance des chemins de fer, qui les laisse encombrées de charbon par milliers d'hectolitres, tandis que la navigation à Marseille demande à tous les points cardinaux du fret de sortie. L'amélioration des transports de houille est là d'une importance que ne connaît point, par exemple, le département de la Mayenne.

La circulation des betteraves est essentielle dans la région du Nord et ne soulève aucune réclamation dans le Midi, qui, en revanche, se plaint du blocus de ses vins, au point d'avoir été obligé, en certaines années d'abondance, de les couler en citerne.

Les abaissements de tarifs doivent donc être étudiés, ainsi que les autres améliorations, à ce point de vue : Que gagnerait la zone à payer moitié moins les prix de transport sur telle denrée et dans tel rayon ? En un mot, à côté de l'approvisionnement des particuliers, il y a la *circulation commerciale*. Si cet inventaire était bien fait, on aurait les éléments d'une tarification scientifique.

On aurait pu rapprocher de cette première question la huitième : « Quel est le parcours moyen des principales marchandises que reçoit ou qu'expédie votre région ? » de façon à désigner et délimiter en quelque sorte chaque zone vivant d'un trafic spécial.

L'essentiel est de ne pas oublier de signaler si les trois modes de transport indiqués, chemins de fer, roulage et navigation, fonctionnent simultanément et concurremment, et quels sont ceux qui manquent, soit faute d'aliment, soit faute d'éléments naturels.

Deuxième Question

Quels sont les résultats produits dans votre région par les tarifs spéciaux, différentiels, communs, d'exportation ou internationaux ?

Y a-t-il des anomalies ou des contradictions dans ces différents tarifs actuellement en vigueur ?

Y a-t-il des inégalités créées ainsi entre les producteurs ou consommateurs de localités différentes ?

Nous transcrivons ici, à titre de modèle, le projet de réponse soumis à la *Société pour le développement et la défense des intérêts commerciaux du Havre* :

« Les tarifs spéciaux et communs sont plutôt favorables que désavantageux au port du Havre, si l'on prend pour comparaison la situation généralement faite aux autres localités de l'intérieur ; mais il en est tout différemment avec les tarifs internationaux et d'exportation, si l'on examine ce qui se passe pour les ports étrangers. Or, ce point est capital. Par l'effet des tarifs internationaux de la ligne du Nord, par l'effet du bas prix des transports sur les chemins de fer belges et allemands, les expéditions en partance ou à destination du Nord et de l'Est de la France, de l'Alsace, de la Suisse, etc., qui alimentaient autrefois le marché du Havre, sont dirigées aujourd'hui en grande partie sur les ports d'Anvers, de Rotterdam, de Hambourg, de Brême.

Ainsi, les lards expédiés du Havre à Reims, par wagon complet, paient par 1,000 kilog............................... 32 71

D'Anvers à Reims.................................. 22 65

Différence en plus pour le Havre............ 10 06

Les saindoux, du Havre à Reims, paient............. 26 80
D'Anvers à Reims. 19 35

Différence en plus pour le Havre............ 7 45

Le prix du transport des cotons bruts en balles pressées s'élève par tonne :

	Cotons de l'Inde	Cotons d'Amérique
D'Anvers à Mutzig (voie de fer).................	33 50	35 »
De Rotterdam à Mutzig (fer et eau).............	31 50	32 80
D'Amsterdam à Mutzig (fer et eau).............	35 10	36 10
— — (voie de fer).............	45 »	45 »
De Brême à Mutzig (voie de fer)....	54 »	54 »
Du Havre à Mutzig par Anvers (voie de fer à partir d'Anvers)..............................	62 »	62 »
Du Havre à Mutzig directement (voie de fer)...	» »	66 20

Non-seulement, on le voit, les ports étrangers ont sur le nôtre de grands avantages ; mais il y a ceci de singulier, que le Havre trouve plus d'économie à prendre la voie d'Anvers qu'à suivre la ligne directe de nos chemins de fer.

Cette singularité ne s'étend pas seulement aux cotons ; il en est de même pour les cafés et pour beaucoup d'autres marchandises.

Rien ne saurait mieux démontrer, il nous semble, la situation défavorable faite à notre établissement maritime par les tarifs des chemins de fer français.

On en trouve de nouvelles preuves dans les exemples suivants :

La Suisse expédie en Amérique de grandes quantités de fromages. Ces marchandises passaient autrefois par le Havre ; mais le prix du transport étant actuellement de 4 fr. 18 les 100 kilog. pour aller, du lieu de production à Brême par les chemins de fer allemands, et de 7 francs par 100 kilog. pour venir au Havre par les chemins de fer français, elles prennent maintenant la direction de Brême.

Les soieries de Bâle expédiées de Bâle à Hambourg par les chemins allemands paient en petite vitesse.. 8 10 les 100 kil.

En grande vitesse......................... 21 » —

Le même article est taxé de Bâle au Havre sur nos chemins de fer :

En petite vitesse............... 11 63
En grande vitesse............. 32 78

Il en est à peu près de même pour les soieries de Zurich.

En même temps que le prix du transport est de 20 à 30 0/0 plus élevé sur nos lignes ferrées, les délais d'expédition sont d'un tiers plus longs environ.

Aussi nos maisons de la place, pour lesquelles le transit des soieries suisses a une très grande importance, le voient-elles diminuer chaque jour dans des proportions considérables.

Pour une seule maison, les chiffres comparés des premiers trimestres de 1870 et de 1872 donnent les résultats ci-après :

	Tonneaux	Pieds	Pouces	Fret payé en francs
1er trimestre 1870........	326	20	8	20.991 35
1er trimestre 1872........	110	1	10	8.711 25
Diminution en 1872......	216	18	8	12.280 10'

Cette remarque s'applique à toutes les autres maisons et à quantité d'autres produits, ainsi qu'au transit pour le grand duché de Bade, la Bavière, la Prusse rhénane, le Luxembourg, qui de plus en plus échappe au port du Havre.

La résistance des chemins de fer allemands à se concerter avec les chemins de fer français pour l'établissement de tarifs réduits, résistance si absolue depuis qu'ils ont entre leurs mains le réseau de l'Alsace-Lorraine, aggrave encore la situation.

Il est donc indispensable d'abaisser nos tarifs de transport si l'on veut conjurer le danger qui menace notre marché.

Et qu'on veuille bien le remarquer : il ne s'agit pas ici d'un simple intérêt local. La prospérité du Havre se lie à celle du pays tout entier. En y attirant un grand courant d'affaires par l'amélioration des moyens de transport, on procure à l'agriculture et à l'industrie des facilités d'approvisionnement, on leur ouvre des débouchés et on augmente leurs productions ; en même temps la consommation s'accroît, les échanges se multiplient, et cette activité, profitable à tous, l'est en particulier à la marine marchande, dont le gouvernement a voulu surtout favoriser le développement.

« Aucune règle, si ce n'est celle de l'intérêt exclusif des Compagnies, ne paraît avoir présidé à l'établissement des tarifs des chemins de fer. Assurer et étendre leur monopole, tel a été leur objectif constant, et elles n'ont rien négligé pour l'atteindre. Partout où elles ont cru rencontrer la concurrence, soit par terre, soit par eau, elles ont apporté à leurs tarifs, tantôt dans des directions spéciales, tantôt pour certaines marchandises, suivant qu'elles le jugeaient nécessaire, des réductions considérables, en se gardant bien d'y faire participer les localités où elles n'avaient rien à redouter.

On conçoit de suite les contradictions et les anomalies que doit présenter un pareil système.

C'est ainsi que du Havre à Saint-Malo, les cafés paient, d'après le tarif spécial n° 24 de la Compagnie de l'Ouest, 0 fr. 0418 par tonne et par kilomètre, tandis que du Mans à Cherbourg ils sont taxés, suivant le tarif général, à 0 fr. 10.

De Rouen à Amiens la même marchandise rentre sous l'application du tarif général de la Compagnie du Nord et paie 0 fr. 1394.

De deux choses l'une : ou les Compagnies, en consentant des réductions comme celles que nous venons d'indiquer, le font à leur préjudice, ou, dans le cas contraire, elles perçoivent, là où elles ne les appliquent pas, plus qu'il ne leur est dû.

On jugera si d'une façon ou de l'autre elles sont excusables.

Les inégalités des tarifs des chemins de fer influent inévitablement sur la production et la consommation de chaque localité. »

Voici sur le même sujet, et d'une source différente, des observations absolument concordantes à celles qui précèdent :

« Tandis que nous attendons, dans une quiétude orientale, que les choses s'arrangent d'elles-mêmes en notre faveur, l'Allemagne, au contraire, agite, combine, travaille, et finalemement triomphe de notre inertie.

Voici encore des comparaisons instructives, dont les éléments nous viennent d'excellente source :

MARCHANDISES. — Voie allemande

DE BALE A DESTINATION DE

		Les 100 kilog.
HAMBOURG	Grande vitesse............................	21 40
	Petite vitesse, colis isolés....................	8 30
	— parties de 5,000 kilog..........	6 50
BRÊME....	Grande vitesse............................	19 20
	Petite vitesse, colis isolés....................	7 50
	— parties de 5,000 kilog..........	6 30

C'est aussi simple et bon marché que les transports *via* Alsace et France sont, au contraire, compliqués et coûteux.

Notre transit, qui se débat contre une concurrence ruineuse, peut essayer de cinq combinaisons différentes, mais aucune d'elles, on va le voir, ne peut lutter contre les avantages des voies allemandes.

En effet, il nous faut recourir à trois lignes indépendantes ou rivales : 1° le tronçon allemand jusqu'à la frontière actuelle ; 2° la ligne de l'Est, de la frontière jusqu'à Paris ; 3° la ligne de l'Ouest, de Paris au Havre.

Il en résulte les cinq combinaisons que voici :

1° La petite vitesse sur tout le parcours, délai indéterminé, de 12 *jours* environ, prix de revient : 11 fr. 65 par 100 kilog.

2° Grande vitesse de Bâle à Belfort, petite vitesse sur les lignes françaises, délai ordinaire de 8 *à* 10 *jours*, prix de revient : 13 fr. les 100 kilog.

3° Grande vitesse de Bâle à Belfort, grande vitesse de Belfort à Paris (délai allongé), petite vitesse de Paris au Havre, délai de 6 *jours*, prix de revient : 19 fr. 15 les 100 kilog.

4° Grande vitesse de Bâle à Belfort et de Belfort à Paris (délai allongé) ; grande vitesse de Paris au Havre, le tout comportant un délai ordinaire de 4 *jours*, prix de revient : 26 fr. 20 les 100 kilog.

5° Grande vitesse sur tout le parcours, sans délai allongé, comportant un délai de 2 à 3 jours, prix de revient : 33 fr. 45 les 100 kilog.

Il ressort de ces chiffres que la grande vitesse coûte 33 fr. 45 les 100 kil. par la voie française, et 21 fr. 40 par la voie allemande, différence : 12 fr. 05 par 100 kil., plus d'un tiers à notre désavantage, et la petite vitesse, 11 fr. 65, voie française, contre 6 fr. 30, voie allemande, différence : 5 fr. 35 par 100 kilog., près de moitié à notre désavantage, sans compter la longueur beaucoup plus grande des délais sur nos lignes.

Il est donc tout naturel que le transit nous échappe, au grand dommage de notre commerce et de notre marine, et cela parce que nos chemins de fer n'ont pas pour objectif l'intérêt public, et que le gouvernement français ne prend pas sur lui de leur forcer la main au nom de la nation tout entière.

Nous pouvons citer quelques articles importants, qui faisaient jadis l'objet d'un transit lucratif pour le Havre, et qui disparaissent, tels que les *ferblancs*, les *soieries*, pour prendre la voie allemande. Voici d'autres indications :

La vannerie, les osiers des Ardennes et de l'Aisne vont s'embarquer à Anvers, au lieu de venir, comme autrefois, dans notre port. Il en est de même des pierres meulières, des vins de Champagne, des déchets de laine, des verreries, des porcelaines, etc., etc.

D'autre part, les terres à porcelaine, que l'on embarquait à Par (Angleterre), à destination des fabriques de Sarreguemines, et qui venaient débarquer au Havre, se dirigent aujourd'hui sur les ports allemands.

Du reste, les chemins de fer allemands saisissent tous les moyens possibles de décourager le transit par la France. Sous peine de payer une taxe double, les marchandises doivent être en wagons découverts et portant au moins 10 tonnes. Or, ces wagons sont en nombre insuffisant dans le matériel français. De là des discussions et des frais, lorsqu'il s'agit de passer des lignes françaises sur les lignes allemandes à la frontière actuelle, qui est Pagny-sur-Moselle. »

Moins d'un mois après la publication de ce paragraphe, nous lisons dans le *Havre* :

NOUVEAU TARIF RÉDUIT

« C'est aujourd'hui 1er août que commencent à être appliqués les nouveaux tarifs réduits pour cotons en balles, à destination de la ligne de l'Est. Voici le prix des transports :

COTONS BRUTS EN BALLES PRESSÉES

		Par 1,000 kil.
Du Havre à Belfort..		44 »
De Belfort à Mulhouse (en wagons découverts de 5,000 kil.)		3 35
Soit du Havre à Mulhouse..............		47 35

» C'est une amélioration sensible, qui, du reste, était devenue indispensable. Les tarifs précédents étaient d'une exagération désastreuse. En voici le tableau :

Du Havre à :	Bale	Mulhouse	Zurich
Cotons de l'Inde...........	56 80	56 80	70 80
Cotons d'Amérique........	64 50	68 35	77 10

» Le nouveau tarif supprime cette distinction, qui s'expliquait mal d'ailleurs, entre les cotons de l'Inde et ceux d'Amérique.

» C'est toujours une réduction considérable et d'une grande importance pour le marché du Havre. »

Il sert donc de quelque chose, quoi qu'en disent les pessimistes, de se grouper, de se liguer, de se plaindre et de syndiquer ses réclamations. La Société pour la défense des intérêts havrais obtient satisfaction avant même que la commission d'enquête de l'Assemblée ait été officiellement saisie de sa réponse sur ce chapitre.

Bon encouragement à ceux qui, doutant encore, ont hésité à s'affilier jusqu'ici à une association pour une défense de leurs communs intérêts.

Les témoignages qui précèdent sont principalement relatifs au transit; nous empruntons à l'enquête sur la marine marchande des faits pertinents au trafic de l'intérieur :

M. Fraissinet : « L'Etat, qui a fait de si grandes dépenses pour les chemins de fer, devrait bien leur signifier qu'il ne leur est pas loisible, quand ils sont en concurrence avec la navigation, comme cela a lieu de Marseille à Bordeaux, de transporter à 2 centimes et demi en vue de ruiner le cabotage, sauf à relever les tarifs à 5 centimes quand il n'y a pas de concurrence, comme il arrive pour les transports de charbon. »

M. Rostand : « Grâce à des combinaisons de tarifs, on arrive à Cette, pour certaines marchandises, à meilleur marché par la ligne de Bordeaux (480 kilomètres) que par celle de Marseille (160). »

M. de Coninck : « On ne sait plus où créer avec sécurité une usine ; car celui qui la placerait sur le chemin de l'Est, par exemple, à 100 kilomètres de Paris, pourrait se voir ruiné par un concurrent qui s'établirait à 200 kilomètres sur le chemin de fer du Nord, et qui obtiendrait de cette Compagnie le même prix de transport, malgré la différence de distance. »

M. Lamothe, de Bordeaux : « Quant au cabotage de port français à port français, il n'existe plus en quelque sorte aujourd'hui ; les transports sont devenus à peu près impossibles pour lui par suite des réglementations qui le gênent, surtout à cause des tarifs de chemins de fer, qui lui font une concurrence qu'on ne doit pas craindre d'appeler déloyale. En voici la preuve :

« Si j'expédie de Bordeaux à La Rochelle, je payerai par le chemin de fer 14 fr. pour quatre barriques de vin. Ces quatre barriques passent par Niort pour aller à La Rochelle, et si j'expédie quatre barriques pour Niort, je paye 19 fr. Pourquoi ? Parce qu'on fait concurrence à la marine, grâce aux subventions et avec l'argent fourni en partie par les malheureux caboteurs auxquels on fait une si rude guerre. »

M. Léger : « Les voies ferrées paralysent depuis quelques années notre cabotage international ; avec leurs tarifs différentiels et de détournement ; les ports de la Manche s'approvisionnent de la Méditerranée à meilleur marché que Paris. »

Les tarifs généraux seuls constituent le contrat mutuel, bilatéral, synallagmatique entre le public, représenté par l'Etat, et les Compagnies. Leur élévation les rend inapplicables. Il a donc fallu recourir aux tarifs spéciaux, qui ont rendu d'incontestables services et qui sont devenus une nécessité. Mais, jusqu'ici, ils ont conservé le caractère arbitraire de ce qu'on nommait, sous l'ancien régime, *un don gracieux.*

L'expéditeur qui, faute de les connaître, n'en a pas réclamé le bénéfice, est réglé au tarif général, au double et au quadruple quelquefois de ses concurrents mieux informés.

Les Compagnies en usent sans autre considération que leur intérêt propre et pour la consolidation de leur privilège ; elles ont toutes une tendance à repousser les produits des autres réseaux.

2

Ainsi l'Ouest n'est pas favorable aux houilles du Nord qui pourraient venir approvisionner les usines de la Normandie ; ce sont les charbonnages anglais qui desservent la Seine-Inférieure pour les 6/7es de sa consommation (600,000 tonnes, provenance d'Angleterre, contre à peine 100,000, provenance du Nord et du Pas-de-Calais).

Ainsi les Compagnies, si on les·laisse faire, n'iront pas à moins qu'à se constituer de véritables domaines, des provinces industrielles et économiques, dont elles arbitreront les conditions d'existence, le rayon d'approvisionnement et d'exportation, quelque chose de plus désastreux que les anciennes douanes provinciales.

Il faut que les tarifs spéciaux deviennent de droit commun.

Jusqu'ici ils n'ont reçu aucune espèce de *promulgation* au sens *juridique* du mot. Il n'y a que les recueils où on puisse les trouver, et les Compagnies, en prévision de l'ignorance universelle, n'ont pas manqué de stipuler le déni de justice comme un de leurs apanages essentiels :

« Les prix du présent, dit le préambule de chaque tarif spécial, ne seront appliqués qu'autant que l'expéditeur en aura fait la demande expresse sur sa déclaration. A défaut de cette demande préalable, l'expédition sera taxée *de droit* aux prix et conditions du tarif général. »

Dissimulation au public ou exploitation de son ignorance : une telle clause est ce qu'il y a au monde de plus anormal ; un arrêt de doctrine la rejetterait comme immorale et antijuridique.

Nous insistons encore et nous concluons sur ce paragraphe :

Il ne faut pas combattre, *sans indiquer la compensation*, les *tarifs spéciaux*, qui rendent d'incontestables services, et hors desquels il n'existe que les tarifs généraux, dont la cherté nous reculerait de trente ans.

Aux conditions du tarif général, le prix de transport moyen perçu dépasserait dix centimes par tonne et par kilomètre. Les tarifs spéciaux, par dérogation aux précédents, ont fait que ce coût moyen de la tonne kilométrique est descendu à six centimes. Seulement les tarifs spéciaux, n'étant pas d'application générale, maintiennent les consommateurs et les producteurs dans une dépendance absolue des Compagnies, et les placent vis à·vis les uns des autres dans des conditions d'inégalité de traitement incompatibles avec notre développement économique.

Il s'agit d'obtenir que les tarifs généraux, les seuls contractuels, les seuls qui donnent un droit réel aux transporteurs, soient réformés de façon à maintenir, et même à diminuer encore le prix moyen perçu de 6 centimes par tonne et kilomètre, *sans exception ni faveur*, suivant l'expression des premiers cahiers des charg·s. Le tarif *légal* est de 10 centimes en moyenne; le tarif *réel* est de 6; il faut que le *fait* et le *droit* ne fassent qu'un.

Quant aux tarifs de transit et d'exportation, ils ne doivent plus reconnaître que des expéditions par wagons ou trains complets, fermés ou non fermés, sans distinction de marchandises, taxées selon le double élément du poids et du volume.

Troisième Question

Quelles sont les marchandises et denrées dont la production ou la consommation serait augmentée par des réductions de tarifs?
Indiquer autant que possible la relation entre l'abaissement des tarifs et l'augmentation du tonnage pour les principales marchandises.

Cette question a été à peine effleurée devant la commission d'enquête sur les chemins de fer; mais nous trouvons dans l'enquête de la Marine marchande, de 1870, de précieuses considérations générales et particulières dont chaque région, pour ce qui la concerne, pourra s'inspirer.

« Et d'abord, gardons-nous des utopies.

Nous serons éternellement inférieurs aux Anglais sous le rapport du fret de sortie. Mais avons-nous tiré de nos ressources tout ce qu'elles peuvent rendre? — Loin de là.

Les mines de houille en Angleterre sont aux ports d'embarquement; les galeries serpentent et se croisent sous le lit même de l'Océan. En France, les gisements importants se trouvent dans la Loire, le Gard, l'Hérault, l'Aveyron, la Creuse, l'Allier, le Pas-de-Calais, le Nord, à une moyenne de quatre à cinq cents kilomètres du littoral.

Quand le bassin houiller du Pas-de-Calais sera relié à la mer, quand les mines de la Loire et du Gard seront desservies à souhait par les chemins de fer à bon marché et par la navigation intérieure, nous aurons à peu près satisfait à tous les besoins de l'exportation en ce qui concerne les combustibles minéraux. Mais la production nationale est et sera pendant longtemps encore absorbée par la consommation intérieure, et il importe au plus haut point de substituer à nos importations l'extraction indigène, ne fût-ce que pour maintenir à nos populations des salaires et un cercle de consommation aussi étendu que possible.

Mais ce n'est pas la houille qui abonde chez nous ; ce sont les matériaux de construction. Nous possédons le plâtre, la chaux et la glaise sans compter ; nous avons toutes les qualités de moellon et de pierres de taille, depuis le calcaire grossier jusqu'aux marbres, les porphyres, les granits, les laves de volcans, l'ardoise. Les Pyrénées, le Jura et les montagnes d'Auvergne pourraient être débités, exploités, expédiés sur tous les points du monde où manquent les matériaux. Et ils sont nombreux. Ce n'est pas le débouché qui fait défaut. — Quoi donc ? — Les communications intérieures.

A traction de cheval, on ne pouvait songer à faire venir les houilles, ou toute autre matière analogue comme poids, de Saint-Etienne à Bordeaux ou au Havre. Le chemin de fer, détaxant jusqu'à 3 centimes par tonne et par kilomètre, coûte encore trop cher sur d'aussi longs parcours. Il n'y a que la navigation pour ces produits d'une mince valeur sous un gros poids, et dont le transport n'a pas besoin de vitesse.

« On s'occupe beaucoup du développement de notre canalisation, dit M. Sageret. Rien ne peut influer davantage sur la production du fret de sortie. Les marchandises encombrantes, qui sont d'un grand poids, se transportent plutôt par les voies navigables que par les chemins de fer. Elles arriveront d'autant plus abondantes que le prix rendra le transport plus facile, et le fret de sortie, qui n'existe pas pour certaines marchandises, pourra exister plus tard.

J'en trouve une preuve dans l'immense quantité de produits qui arrivent à Paris par voie d'eau. Il vient à Paris 850,000 tonnes de houille, 295,000 hectolitres de vin, 157.000 quintaux de céréales ; 1 million et demi de matériaux à bâtir. Il n'y a aucune raison pour que tout cela ne devienne pas du fret de sortie.

Pourquoi tout cela vient-il à Paris ? Parce que les voies de communication par eau sont bonnes. »

M. Langer : « A quoi bon légiférer sur la marine si les marchandises que nous importons, nous armateurs, se trouvent, par les tarifs élevés des communications intérieures, comme dans un cul-de-sac. Le remède est facile : en admettant que par la faute de ceux qui ont fait les concessions, le gouvernement ne puisse intervenir dans les tarifs, qu'on menace sérieusement les Compagnies d'ouvrir de nouvelles lignes en concurrence, et l'on aura bientôt raison de leur résistance. »

M. Lagarde : « Toute voie de transport par mer doit nécessairement se combiner, se rattacher intimement aux transports par terre et par voies ferrées. Il ne faut pas que le bas prix de l'une soit neutralisé par le haut prix de l'autre, sous peine de frapper tout courant commercial et de transit. Voilà le principe, et son application ne saurait être facultative; elle est absolument impérieuse. Or, l'abandon de ce principe nous frappe déjà au cœur, par suite des tarifs exagérés de nos voies ferrées.

Si des lignes concurrentes existaient, — le trafic est assez considérable pour qu'on en admette, — la concurrence amènerait d'elle-même la guérison du mal.

Quoi que vous fassiez pour la marine française, quelles que soient les concessions que vous accorderez, l'œuvre restera incomplète tant que des modifications sérieuses n'auront pas été apportées dans les tarifs de chemins de fer français pour les mettre en harmonie avec ceux de l'étranger et rendre la lutte possible. »

A l'intérieur, le plus heureux résultat des abaissements rationnels de tarifs sera la fertilisation des contrées stériles. Les plâtres, la chaux, les engrais sont transportés à moins de 3 centimes par tonne et kilomètre; le matériel qui amène à Paris le gros bétail de l'Anjou, du Limousin, les moutons du Berry, s'en retournerait à vide sans cette combinaison, où tout le monde trouvera son compte : l'agriculture, qui s'amendera à bon marché, et la Compagnie, qui recueillera sur son parcours les résultats d'une surproduction créée par les amendements dont elle aura favorisé l'expédition. C'est la Compagnie d'Orléans qui a eu cette initiative, ainsi que nous le verrons plus loin.

Les wagons qui amènent à Paris le bétail de l'Ouest (Bretagne, haute et basse Normandie), les cokes et les houilles du Nord, s'en retournent également à vide, quand la capitale est obligée d'envoyer à grands frais à la Seine, à la mer, ses immondices fertilisantes, pour ne pas infecter le pays.

Les Compagnies sont donc le plus souvent impuissantes, ou

mieux, indolentes à tirer parti, même dans leur intérêt, des puissantes ressources à elles remises par la nation.

Sous le régime des traités de faveur, une usine ne s'établissait le long d'une voie ferrée qu'après s'être assuré, avec la Compagnie du chemin de fer, des transports à prix réduits. Pourquoi n'avoir pas réalisé au profit de tous et sans préférence ces détaxes trop longtemps réservées aux favoris et aux clients des administrateurs ?

Les Compagnies prétendent que de nouveaux abaissements de tarifs ne produiraient pas d'augmentation de transports.—Autant vaudrait dire que la circulation et la production n'ont pas augmenté depuis la substitution des chemins de fer, qui voiturent à 6 centimes en moyenne, à l'antique roulage, qui prenait 20 et 25 centimes par tonne et kilomètre.

Cet argument favori des Compagnies ne fait pas honneur à leur bonne foi ; elles oublient un peu trop, quand elles l'invoquent, qu'elles l'ont réfuté elles-mêmes quand elles ont éprouvé le besoin, comme il leur arrive souvent, de se réclamer de la reconnaissance publique :

« Les populations que nous desservons, dit le rapport de la Compagnie d'Orléans de 1861, sont essentiellement agricoles ; il était de notre devoir de les aider de tous nos efforts à améliorer leur sol, souvent ingrat. Ne sommes-nous pas, d'ailleurs, les premiers qui doivent gagner à leur richesse, puisque cette richesse même augmente la masse des échanges, dont le chemin de fer est l'intermédiaire naturel ?

» L'agriculture du Bordelais et de la Basse-Loire réclamait des plâtres pour fertiliser ses prairies artificielles ; mais il fallait les lui donner à des prix très modiques, pour que l'emploi en fût fait selon les besoins.

» Nous n'avons pas craint, dans des traités basés sur des prix différentiels et communiqués à l'administration publique, de descendre jusqu'à 2 centimes par tonne et kilomètre, ce qui met le prix de la tonne de plâtre à Nantes à 14 fr. 50 c., et à Bordeaux à 17 fr. 50. Nous en avons transporté, en 1856 : 60,000 tonnes. »

Le résultat immédiat a été que, même avec de bas tarifs, la Compagnie d'Orléans a fait du *produit net*, et qu'elle s'est ménagé un élément de transport décuple pour l'avenir.

Les landes de Gascogne ont été transformées de-la même façon par les tarifs des chemins de fer du Midi :

« Les vins du Languedoc, dit le rapport de la Compagnie de Lyon en 1860, qui autrefois ne trouvaient au dehors qu'un débouché très restreint, étaient pour la plus grande partie distillés sur place. Les chemins de fer leur ont ouvert un marché nouveau et immense, qui s'étend jusqu'au nord de l'Allemagne ; toute la production trouvant à s'écouler en nature dans des conditions très avantageuses, la distillation a presque cessé. »

« La ville de Toulouse, dit M. Marqfoy, est bâtie de briques. Les propriétaires et les architectes ont évidemment adopté cet élément de construction, parce que les localités voisines étaient dépourvues de carrières de pierres, et que les matériaux des carrières lointaines auraient été trop onéreux à cause des frais de transport.

» Or, il y a des carrières magnifiques à Angoulême, à Bordeaux, à Langon, dans des localités plus rapprochées encore de Toulouse.

» Que les tarifs de 2, de 1 centime soient mis en jeu pour les transports de pierres, et bientôt la vieille capitale du Midi s'empressera de revêtir des formes plus monumentales et plus coquettes, mieux en harmonie avec les mœurs, les besoins, les goûts des cités modernes. »

Les grandes Compagnies connaissent si bien l'effet des mouvements de tarifs sur la circulation, que M. Audibert, directeur du Paris-Lyon-Méditerranée, menaçait en 1871 de réprimer les plaintes du commerce sur l'encombrement et l'insuffisance du service en supprimant les tarifs spéciaux, *« afin de ralentir l'affluence des marchandises. »*

Il est juste de dire que l'abaissement des tarifs ne produit pas son effet la première année. Il faut au commerce et à l'industrie le temps de s'outiller, de construire, de passer des traités, de chercher des placements ; mais, dit le rapport précité de l'Orléans, « il faut laisser à l'avenir le soin de rémunérer les sacrifices du présent. »

Enfin, les Compagnies, depuis qu'elles ont arraché au gouvernement leurs garanties de revenus, n'ont même plus un prétexte pour se refuser à l'expérimentation.

Le second paragraphe de la troisième question : « *Indiquer la relation entre l'abaissement des tarifs et l'augmentation du tonnage pour les principales marchandises,* » est un point capital dans l'enquête ; c'est là surtout qu'il importe de répondre par des chiffres.

En effet que prétendent les Compagnies ?

Le nombre des tonnes kilométriques étant de 6 milliards en 1869, au prix moyen de 6 centimes, c'est 360 millions de recette brute. Les frais d'exploitation, à 40 0/0, prennent sur ce chiffre 144 millions et laissent un bénéfice de 226 millions.

Si la révision des tarifs généraux réduisait la moyenne de 1 centime, soit à 5 centimes, il faudrait, pour que les Compagnies ne fussent pas lésées, une augmentation de 1,200 millions de tonnes.

Les Compagnies nient la possibilité d'un tel résultat, que nous, au contraire, nous tenons pour certain. Les déposants à l'enquête peuvent seuls réfuter les allégations du privilége en fournissant des chiffres concluants, tant sur le développement progressif des expéditions par suite des facilités, de la rapidité et du bas prix des transports que par l'insuffisance ou la cherté des conditions actuelles. Nous recommandons entre autres cette statistique aux ports de pêche qui expédient leur marée sur l'intérieur : il y a eu là toute une révolution.

Disons, par parenthèse, qu'une augmentation de 1,200 tonnes kilométriques réduirait bien au-dessous de 40 0/0 les frais d'exploitation et donnerait, par la réduction même du tarif, un plus fort *produit net.*

Quatrième Question

Quelles sont vos observations sur la classification actuelle des marchandises du TARIF GÉNÉRAL?

Les tarifs généraux présentent entre eux des différences essentielles :

Ceux du Nord comprennent 6 séries, avec la distinction des distances d'application et des distances par kilomètre.

A l'Est, 5 séries seulement.

Au Lyon, 7 séries, dont une qualifiée spéciale.

A l'Orléans, une série à 25 centimes par tonne et kilomètre, plus 3 séries au départ, 3 séries à l'arrivée, tarifs de gare en gare.

Au Midi, 4 séries et une série spéciale ; les trois premières séries sont subdivisées chacune en trois sous-séries selon les distances (de 40 à 200 kil.,— de 201 à 300 kil.,— au delà de 300 kil.), total : 5 séries et 9 sous-séries.

A l'Ouest, 4 classes comprenant : les trois premières chacune 5, et la 4ᵉ, 6 séries ; en tout 4 classes et 21 séries.

« La classification des marchandises, dit le projet de réponse proposé à la Société du Havre, offre de non moins grandes diversités.

Le bois de teinture *effilé ou moulu* est compris dans la 2ᵉ série sur la ligne du Nord, dans la 3ᵉ sur la ligne de l'Est, dans la 4ᵉ sur la ligne de l'Ouest, etc., etc.

Le bois de teinture en *bûches* est compris sur la ligne du Nord dans la 3ᵉ série, sur la ligne de l'Est dans la 4ᵉ, sur celle de l'Ouest dans la 5ᵉ.

La ligne de Paris-Lyon-Méditerrannée comprend le bois de teinture *effilé ou moulu* et les bois de teinture *en bûches* dans une même série, la 3ᵉ.

Sur la ligne du Nord des expéditions pour les bois de teinture en bûches peuvent être faites par wagon complet. Cette facilité n'existe pas sur la ligne de l'Est ni sur celle de l'Ouest.

La Compagnie de Paris-Lyon-Méditerranée admet, au contraire, des expéditions par wagon complet, non-seulement pour les bois de teinture en bûches, mais aussi pour les bois effilés ou moulus. Toutefois, cette facilité est limitée à certaines gares, et, dans ce cas, la 6ᵉ série et la série spéciale (ou 7ᵉ) sont applicables, sauf le paiement en plus d'une taxe de 1 fr. par tonne pour frais de chargement et de déchargement.

L'uniformité n'existe pas davantage dans les prix. Les Compagnies ont créé dans les tarifs généraux, comme dans tous les autres d'ailleurs, des différences, suivant qu'elles y trouvaient leur intérêt ou qu'elles y étaient amenées par la concurrence. »

Voici encore sur le même sujet des bigarrures injustifiables.
Les céréales sont taxées à la tonne sur l'Orléans :

Pour 100 kilomètres........................... à 8 cent.
De 101 à 250..................................... 6 —
De 251 à 400..................................... 5 —
Au delà de 400................................... 4 —

Mais, *à la descente*, entre Orléans et les stations de Port-Boulet à
Saint-Nazaire, quelle que soit la distance, la taxe reste uniformé-
ment de 4 centimes (tarif 21 de la série D). Ne serait-ce pas qu'*à
la descente*, on pourrait craindre de voir revivre la navigation de
la Loire, si les prix devenaient trop élevés par le chemin de fer?
Sur l'Est, les prix sont :

Jusqu'à 200 kilomètres......................... 8 cent.
De 201 à 300..................................... 7 —
De 301 à 500..................................... 6 —
Au delà de 500................................... 4 —

Sur l'Ouest, le tarif P. V., n° 1, classe ainsi les séries de transports de céréales :

Jusqu'à 100 kilomètres......................... 9 cent.
De 101 à 200..................................... 8 —
De 201 a 300..................................... 6 —
De 301 à 500..................................... 5 —
Au delà de 500................................... 4 —

Les fontes brutes sont de 3e série sur l'Ouest et l'Orléans ; de
4e série sur le Nord et le Midi ; de 3e classe 5e série sur l'Ouest ;
sur le Lyon elles ne relèvent que des tarifs spéciaux.
Les houilles au Nord et au Midi ne figurent pas dans les tarifs
généraux ; elles sont de 5e série à l'Est, de 4e au Lyon et à l'Orléans, de 3e classe 6e série à l'Ouest.

L'Orléans, dit le syndicat d'Indre-et-Loire, taxe en 1re classe des
marchandises qui, ailleurs, voyagent en 4e série, ou bien sous
l'empire de tarifs spéciaux. C'est ainsi qu'il demande 17 fr. 35 de
la tonne, pour 99 kilomètres, d'une marchandise qui, sur l'Ouest,
en parcourt 341 pour 15 fr.

Les tarifs généraux ne sont que l'application aux différentes marchandises énumérées des *maxima* fixés au cahier des charges. Ces *maxima* ont été déterminés avant qu'on eût fait aucune expérience du trafic ; ils précèdent la loi de concession et sont antérieurs à la construction même. Tels ils ont été fixés en 1838 pour le Paris-Orléans, en 1840 pour le Paris-Rouen, en 1842 pour un ensemble de réseaux, tels ils se trouvent reproduits dans les plus récentes concessions.

Les tarifs spéciaux sont plus près de ce qu'on pourrait appeler les *prix vrais* ; mais ils ne relèvent absolument que de l'arbitraire des Compagnies, qui ont ainsi reconnu elles-mêmes l'impossibilité d'appliquer les tarifs généraux.

Cinquième Question

Dans quelles conditions se fait la circulation des marchandises lorsqu'elles passent sur plusieurs réseaux ?

Les différences de tarifs sur les diverses Compagnies sont-elles un obstacle sérieux aux relations commerciales ?

« Les changements de lignes, dit le projet de réponse de la Société du Havre, occasionnent ordinairement des retards et l'application d'un droit de transmission qui, si minimes qu'ils soient, sont une cause d'embarras et une charge pour le commerce.

Nous avons donné plus haut quelques exemples de la diversité que présentent les tarifs généraux dans la classification des marchandises aussi bien que dans les prix de transport et dans les facilités d'expédition.

Ces diversités ne sont rien quand on entre dans l'examen des tarifs spéciaux, des tarifs communs, des tarifs d'exportation et des tarifs internationaux.

En dehors des situations plus ou moins défavorables faites à certaines localités, on arrive, avec ces tarifs, à un ensemble de combinaisons au milieu desquelles il devient complétement impossible de se reconnaître, et où les agents des Compagnies eux-mêmes s'égarent. Il en résulte un manque de fixité dans le prix des transports et une incertitude qui nuit considérablement aux transactions.

Avant comme après les expéditions, on n'est jamais assuré de profiter du tarif le plus avantageux, c'est-à-dire de celui qui, au prix le moins élevé, joint le transport relativement le plus prompt.

Les tarifs spéciaux, communs, etc., sont soumis à des conditions dont l'observation peut facilement échapper à l'expéditeur et qui lui en enlèvent ainsi le bénéfice. Bien que réclamés, en outre, au départ, ces tarifs ne sont pas toujours appliqués sur les lignes intermédiaires, et de là des mécomptes qui influent sur le résultat des opérations.

La vérification des taxes est rendue plus difficile encore par les dispositions de l'article 10 de la loi du 13 mars 1863, en vertu desquelles les Compagnies n'indiquent sur le récépissé que le prix total du transport; quiconque a eu entre ses mains des récépissés de chemins de fer sait combien, la plupart du temps, est informe cette indication. Il en résulte que le destinataire, pour contrôler le chiffre de la Compagnie, est obligé de se livrer à des recherches tellement longues, tellement minutieuses que souvent il renonce à les poursuivre et consent à payer la somme qui lui est demandée, bien qu'il n'ait pu obtenir l'assurance qu'il doit réellement plus ou moins. Les choses en sont arrivées à ce point, les erreurs sont si nombreuses, que des maisons de la place ont pris le parti d'avoir un employé uniquement chargé de vérifier les taxes appliquées sur les récépissés, et l'une d'elles, nous en avons l'assurance, obtient ainsi des remboursements qui compensent et au delà le surcroît de dépense que lui occasionne l'augmentation de son personnel.

Que peut-on dire de plus?

Ce fait, à lui seul, ne prouve-t-il pas jusqu'à l'évidence que nous nous trouvons en présence d'une organisation profondément défectueuse et qui a grand besoin d'être modifiée.

Nous ne parlerons pas, pour ne pas multiplier les détails, des difficultés et des retards que rencontrent habituellement les réclamations et les demandes de remboursement. »

Sixième Question

Y a-t-il lieu de réclamer une classification uniforme pour les diffé-rentes Compagnies, en prenant pour base de cette classification :
La valeur des marchandises,
Leur volume,
Les distances parcourues ?

« On a pu voir par ce qui précède, continue le projet de réponse de la Société du Havre, combien la simplification des tarifs de chemins de fer est désirable. L'établissement d'une classification uniforme, basée sur la valeur de la marchandise, sur son volume, sur la distance parcourue, nous paraît rationnelle. Nous ne pouvons préciser jusqu'à quel point elle est réalisable ; mais ce qui est indispensable, c'est que les tarifs soient combinés de façon que tout expéditeur un peu exercé puisse aisément, sans perdre de temps, se rendre compte du prix du transport. Une modification dans ce sens aurait d'immenses avantages pour le public et épargnerait aux Compagnies elles-mêmes bien des ennuis et des contestations. En attendant, nous ne voyons pas pourquoi les récépissés ne contiendraient pas le détail des tarifs appliqués. Les Compagnies donneraient ainsi une garantie qui est de droit, il nous semble, dans tous les traités, et que, pour des motifs que nous ne pouvons nous expliquer, elles sont seules dispensées de fournir. »

Afin de compléter l'avis du projet de réponse de la Société, nous croyons devoir donner une esquisse des complications dont la tarification se compose.

La classification des marchandises admises à jouir des tarifs *spéciaux* ne va guère qu'au tiers de la nomenclature générale ; chaque ligne a ses préférences, suivant les produits qui lui offrent le plus de trafic et les périls de concurrence.

Les atténuations vont à la houille sur le Nord ; aux vins sur le Midi, en tant qu'ils sont dirigés sur Bordeaux.

Les tarifs *spéciaux* sont au nombre de :

42 sur le Nord,
64 sur l'Est,
80 sur le Lyon,

63 sur l'Orléans, en deux classes,
87 sur le Midi, en deux classes,
33 sur l'Ouest, plus deux communs avec les Anglais.

Les tarifs *communs* entre les Compagnies françaises portent des numéros qui vont jusqu'à :

27 sur la Ceinture,
56 sur l'Est,
81 sur le Midi,
124 sur l'Orléans,
178 sur l'Est.

Au Lyon, ils sont classés par séries.

Ce sont enfin les tarifs internationaux, de transit, d'importation.

Il n'est pas possible que le commerce et l'industrie se reconnaissent dans une pareille confusion, d'autant que les tarifs spéciaux sont généralement réglés, non en une détaxe kilométrique, mais de gare en gare. Il n'y a ni renseignements, ni méthode pour établir un prix certain ; il faudrait apprendre par cœur les 1018 pages in-folio du recueil-Chaix.

Quant à la raison qui a motivé et qui peut expliquer ces bigarrures, la note de M. Larget, publiée au *Journal de Rouen* du 30 décembre 1871, va nous la faire toucher du doigt :

« Pour apprécier à leur juste valeur l'étendue des concessions faites au public par les tarifs spéciaux, nous avons résumé dans un tableau le nombre général des mouvements fournis dans la France entière par nos grandes lignes de chemins de fer, et en regard le nombre des mouvements exceptionnels favorisés surtout par les tarifs spéciaux :

	NOMBRE des mouvements de chaque ligne	NOMBRE des mouvements favorisés
Ouest......................	52.900	2.455
Orléans....................	252.004	4.030
Midi	61.501	2.435
Paris-Lyon-Méditerranée...	311.364	3.338
Est........................	138.384	5.743
Nord......................	39.201	2.151
	855.360	20.155

Il en résulte qu'il existe 855,360 mouvements, et que 20,155 seulement sont favorisés par les bas prix exceptionnels d'environ trois cents tarifs spéciaux, et que, conséquemment, 835,205 mouvements sont exclus des mêmes avantages et paient des prix beaucoup plus élevés ; et encore ces 20,155 mouvements ne sont-ils favorisés que sur un très petit nombre de marchandises : ce qui amoindrit considérablement l'importance de la baisse de prix.

Faisons remarquer que ces 20,155 mouvements favorisés sont les plus considérables par la quantité des marchandises qui y circulent, et que les marchandises qui en profitent sont celles qui font l'objet d'un trafic important.

Mais aussi, ces 20,155 mouvements sont ceux-là même qui devraient être particulièrement concurrencés par la navigation intérieure et par le cabotage, tels que de Paris au Havre, à Rouen, à Caen ; de Bordeaux à Nantes, à Paris ; de Paris à Nevers, à Lyon ; de Marseille ou Cette à Paris ; de Sedan à Paris ; de Marseille, Bordeaux, Nantes à Rouen, au Havre, à Dunkerque, etc. Or donc, la baisse de prix réalisée pour ces grands mouvements, et qui ne s'applique qu'à certaines marchandises, n'a point été une baisse gracieuse faite par les Compagnies en faveur du public, mais bien une baisse commandée par ses propres intérêts et pour éloigner le cabotage et la navigation intérieure, dont la juste concurrence eût entraîné une baisse générale des prix de transports. C'est ainsi que l'on voit chacune d'elles, au moyen de sa série de tarifs spéciaux, saisir en quelque sorte son concurrent corps à corps, le combattant par une baisse de prix minutieusement calculée, et qui ne s'adresse qu'aux seules marchandises qui circulent dans son parcours et pouvant servir de fond d'aliment. C'est par cet adroit calcul qu'elle a su limiter et restreindre ses sacrifices.

« Les tarifs n° 1 et n° 1 B, relatifs aux céréales, taxent à 9 fr. la tonne le transport du Havre à Batignolles (remonte), et à 7 fr. 50 celui de Batignolles au Havre (descente).

De Rouen à Batignolles (remonte), 7 fr. de la tonne.

De Batignolles à Rouen (descente), 4 fr. 75.

De Batignolles au Havre, 7 fr. 50, pour 226 kil., la taxe ressortit à 2 centimes 1/4.

De Batignolles à Caen, 13 fr. pour 237 kil.; elle s'élève à 6 centimes, plus du double. Pourquoi? parce que de Batignolles au Havre, la navigation peut faire le service sans rompre charge, tandis que de Batignolles à Caen, il faut transborder des bateaux de la Seine sur un navire du cabotage. Ce surcroît de frais permet à la Compagnie de l'Ouest de hausser les prix sans craindre la concurrence des voies navigables.

Les taxes différentielles ne négligent pas les plus petits parcours. Les grains paient :

De Gaillon à Rouen, 43 kil., 1 fr. 75 ou 4 centimes.

De Vernon à Rouen, 57 kil., 2 fr. 50 ou 5 centimes.

De Clères à Rouen, 40 kil., 3 fr. 60 ou 9 centimes.

De Brionne à Rouen, 59 kil., 5 fr. 30 ou 9 centimes.

Gaillon et Vernon sont à la fois stations du chemin de fer et de la batellerie; Brionne et Clères n'ont pour concurrence au railway que les voitures à traction de chevaux.

Ainsi, par un premier aperçu, les tarifs spéciaux ne sont point applicables à toutes les directions d'un même réseau. Les Compagnies taillent, rognent à discrétion. Elles abaissent les taxes là où elles redoutent la concurrence du cabotage et de la batellerie ; elles ont des prix inégaux à la remonte et à la descente, comme si le railway avait à vaincre un fort courant, ou à se laisser aller à la pente naturelle d'un *chemin qui marche;* elles maintiennent les hauts tarifs quand elles n'ont que la compétition des tombereaux et des charrettes. »

Aucune préoccupation de l'intérêt public n'a présidé à cette sorte d'échelle mobile. Ni la valeur, ni le poids, ni le volume des denrées transportables ne figurent dans la constitution du prix de voiturage.

L'homogénéité de classification pour une même denrée sur tous les réseaux est peut-être la réforme la plus urgente de toutes celles que commande l'organisation des chemins de fer. L'inégalité engendre les inconvénients que produiraient des douanes intérieures; la détermination du prix de revient des produits se trouve ainsi enlevée au fabricant par les Compagnies de transport. C'est la subversion de toutes les notions économiques.

L'administration a commencé par constituer une *unité de nomenclature des denrées transportables.* C'est un tableau complet que chaque compagnie s'est empressée d'adopter,

L'unité de nomenclature est le prélude et le gage de l'homogénéité de tarification; l'administration n'a qu'à continuer son ébauche.

Au bout de la réforme des *tarifs généraux,* c'est la suppression, ou mieux la transformation, la généralisation des *tarifs spéciaux.*

Septième Question

Y a-t-il lieu de réclamer un même tarif kilométrique qui serait appliqué, en considérant toutes les lignes des différents réseaux comme les prolongements les unes des autres?

Les Compagnies elles-mêmes semblent avoir éprouvé des embarras par suite de cette diversité de tarifications sans règle ni méthode. Elles ont inventé ce qu'elles nomment les *tarifs communs* pour les marchandises qui passent sur plusieurs réseaux.

Mais ici, comme dans toutes leurs combinaisons, elles n'ont eu souci ni du bon marché, ni de l'intérêt public, ni d'une réforme organique générale; pas de principes, rien que des expédients. Voici un fait rapporté, au meeting industriel de Rouen, par M. Cordier, et qui donnera la juste mesure des sentiments et de la moralité des Compagnies.

« Les rapports de notre place avec l'Algérie, dit le rapporteur, ont pris un rapide accroissement à partir de 1842 : de 7 à 8 millions d'affaires, nous sommes arrivés à dépasser 25 millions en 1855.

Jusqu'à cette époque, le transport de nos marchandises était effectué par des bâtiments à voiles, dont Rouen était le port d'attache; des bateaux à vapeur de 600 à 800 tonneaux vinrent se substituer à ceux-ci, et un courant d'opérations maritimes important s'établit avec notre port et l'Algérie.

Le prix du fret de nos tissus était de 12 fr. les 100 kilog. et la prime d'assurance de 1 à 2 0/0.

Vers 1860, les chemins de fer imaginèrent une combinaison avec les Messageries impériales, que l'on appela le tarif commun n° 6, dit du Levant. Par suite de cette combinaison, les marchandises de Rouen étaient transportées jusqu'à Marseille par l'Ouest-Lyon-Méditerranée à raison de 7 fr. 95 c. les 100 kilog. En prenant les Messageries impériales, elles arrivaient dans les ports algériens à raison de 13 fr. 50, avec assurance facultative de 25 à 40 centimes.

En peu de temps, la navigation dut amener pavillon.

Depuis 1860, tous nos tissus ont bénéficié du tarif n° 6; 250 à 300 millions de francs de rouenneries, indiennes, colonnades, ont passé sans observation; on en a même *sollicité* le transport.

Mais, tout à coup, une fois la concurrence de la navigation abattue, la Compagnie de Paris-Lyon-Méditerranée s'est mise à épiloguer; elle a prétendu qu'on ne devait entendre par *rouenne-*

ries que les étoffes *tissées en couleur* ; elle a exclu du tarif les indiennes, les mouchoirs, les cravates, voire même les calicots sur lesquels on a appliqué au chef une légère bande tissée ou imprimée en couleur : d'où résulte une augmentation de 25 à 40 0/0 dans la moyenne du prix des transports. »

Il faut remonter aux *Lettres provinciales* pour trouver l'analogue d'une subtilité pareille. Qu'importe au transporteur que la coloration ait été donnée au fil avant le tissage ou à l'étoffe après sa confection ? Cela n'influe ni sur le poids, ni sur le caissage, ni sur les soins à prendre. La Compagnie voulait simplement, n'ayant plus de concurrence à craindre, se soustraire aux conditions de son tarif. L'expérience ayant été reconnue bonne, il eût fallu que l'administration supérieure en exigeât le maintien et l'extension.

Notre réseau, quoique exploité par différentes Compagnies, n'en est pas moins *un*. Jamais l'*unité économique,* trop oubliée pour l'unité administrative, n'a reçu une plus large application : l'écartement des voies est uniforme ; il y a des *maxima* de courbes, de rampes. On a voulu qu'un même wagon pût circuler partout sans transbordement et fût remorqué dans des conditions de frais identiques au Midi comme au Nord : c'est la grande révolution amenée par l'inauguration du chemin *de niveau,* auquel on ne marchande ni les déblais, ni les remblais, ni les viaducs, ni les tunnels.

Lors donc que des marchandises, parce qu'elles sont forcées d'emprunter plusieurs réseaux, sont taxées en une série de petits parcours dont le total forme cependant un long voyage, c'est comme si l'on détruisait pour elles les avantages de l'uniformité de voiturage, à laquelle le pays a sacrifié les subventions par milliards ; ce n'est pas moins qu'une détérioration, une confiscation de l'outil et du progrès, en vue duquel il a été créé. Il importe ici encore de préciser les faits et les abus.

Huitième Question

*Quel est le parcours moyen des principales marchandises que reçoit
ou qu'expédie votre région?*

Cette question revient à dire : quel est le rayon d'approvisionnement de telle ou telle localité pour ses matières premières, ses
denrées, ses consommations, et dans quelle limite expédie-t-elle
le surplus de production qu'elle ne consomme pas sur place.

Cette condition de fonctionnement, si elle était bien étudiée
pour chaque arrondissement industriel et agricole, conduirait à
une organisation précise, presque scientifique, des voies de communication à établir ou à compléter. Exemple :

La consommation des houilles dans la Seine-Inférieure s'est
répartie ainsi :

	1867	1869
Charbons anglais......	710.700 tonnes.	630.000 tonnes.
— du Nord.....	28.390 —	102.000 —
Totaux..........	739.090 tonnes.	732.000 tonnes.

En comparant les deux exercices, on voit que la Seine-Inférieure est parfaitement réglée, quant à la consommation des combustibles minéraux. Le total reste le même : ce que gagne le Nord,
l'Angleterre le perd, et *vice-versa*. Pourquoi cette préférence des
houilles anglaises? Question de distance, de fret et de prix de
transport. Est-il indifférent au pays que nous exportions chaque
année 14 ou 15 millions de francs aux mains des houilleurs et des
marins de la Grande-Bretagne, ou que nous trouvions chez nous
l'emploi de ces 14 ou 15 millions, dont les quatre cinquièmes
iraient au salaire?

Il vaudrait mieux évidemment trouver cet approvisionnement
sur le carreau de nos mines.

Le conseil général du département a concédé une ligne qui,
passant par Blangy, rejoint les bassins du Nord avec une réduction de parcours de 70 kilomètres. Voilà la question d'utilité publique résolue; avec ce chemin de fer, la proportion sera renver-
sée : c'est le Nord qui fournira 600,000 tonnes et l'Angleterre
100,000 seulement.

Comment se fait-il que ni la Compagnie de l'Ouest ni celle du
Nord n'aient fait cette découverte? Une ligne qui vient à conces-

sion avec un trafic assuré de 500 à 600,000 tonnes de charbon par an est, au plus haut point, assurée de vivre ; elle n'a besoin ni de garanties ni de subventions d'Etat, ni de la tutelle d'un grand réseau.

Ce dire sera porté à l'enquête, et nous le citons à titre de modèle à ceux qui ne verraient pas complétement en quoi la huitième question peut les intéresser.

Il faut combiner les questions 1, 3 et 8, qui se complètent les unes par les autres, et qui doivent ensemble fournir les éléments statistiques nécessaires à l'appui d'une réforme : nature et quantité des marchandises ; leur rayon d'écoulement et d'approvisionnement ; moyen d'élargir les opérations par l'abaissement des tarifs, c'est-à-dire augmentation de la production, de la consommation et du tonnage.

Neuvième Question

Serait-il posssible d'organiser les réceptions ou les expéditions de certaines marchandises par wagon ou train complet?
Spécifier ces marchandises.

Le projet de réponse de la Société du Havre dit à ce sujet :

« Les expéditions et réceptions par wagon ou train complet donneraient des facilités.

Les expéditions par wagon complet sont déjà en usage. Des trains complets pourraient être organisés ici pour les céréales, les cotons, les bois, les charbons, les bestiaux, etc., etc. »

Nous croyons savoir encore que sur le Nord l'expédition des charbonnages ne se fait qu'à wagon complet, et quelquefois par trains d'une trentaine de voitures à même destination.

Les Compagnies ont leurs tarifs de transit et d'exportation, d'un prix uniforme pour les marchandises qui, venant d'un port étranger, doivent suivre leurs parcours vers un autre port étranger après qu'elles ont quitté nos rails.

Et comme toujours, de la meilleure conception économique, les Compagnies de chemins de fer ont fait la plus abominable vexation au commerce français. Voici les faits relevés par M. Pouyer-Quertier à l'enquête sur la marine marchande de 1870, et corroborés par la note de M. Larget, fin décembre 1871.

« Le fret de Glasgow, Liverpool, Londres, Hull à Bordeaux par vapeur est de 25 fr.

Il est aussi de 25 fr. par vapeur de Rouen ou du Havre à Bordeaux.

Si donc nous voulons envoyer de Rouen à Marseille des tissus ou des filés en leur faisant prendre la voie de mer, nous arrivons à Bordeaux au même prix que les Anglais.

Mais à Bordeaux nous trouvons la Compagnie des chemins de fer du Midi, qui détient aussi le canal du Languedoc, et qui, partant, possède ce bassin un peu comme les vieux nobles féodaux possédaient les routes, en rançonnant les voyageurs.

Nous payions, pour aller à Bordeaux, le même fret que les Anglais. Comme les Anglais auraient pu n'avoir aucun avantage sur nous, la Compagnie du Midi s'est hâtée d'y mettre ordre au moyen du tarif commun de transit n° 6, qui de Bordeaux à Marseille ne fait payer aux *marchandises anglaises* que 20 fr.

Pour les *marchandises françaises*, le tarif général de Bordeaux à Marseille est de 100 fr.

Donc :

Marchandises anglaises.

Par mer...	25 fr.
Par chemin de fer..............................	20
Frais de transport de Londres à Marseille...............	45 fr.

Marchandises françaises.

Par mer...	25 fr.
Par chemin de fer..............................	100
Frais de transport de Rouen à Marseille...............	125
Différence en faveur des Anglais...................	80 fr.

C'est l'éternelle subtilité que nous avons déjà signalée : les marchandises expédiées par mer de Dunkerque, Boulogne, Calais, Dieppe, le Havre et Nantes à Bordeaux, prenant le chemin du Midi et allant se rembarquer à Cette ou à Marseille, sont dans des conditions absolument identiques à celles qui partent de Londres, de Liverpool, de Hull et d'un point quelconque du littoral anglais; mais le tarif emploie le mot *port étranger*. Pourquoi l'administration tolère-t-elle ces indignes mystifications?

Ainsi, les plus sages améliorations ont été presque toutes essayées; et tout a été gâché par l'arbitraire des Compagnies. Il ne faut pas que les déposants à l'enquête perdent de vue cet objectif : il ne s'agit pas tant d'innover que de généraliser des expérimentations limitées jusqu'à ce jour à un cercle trop restreint.

Dixième Question

Certains produits, susceptibles d'être emmagasinés, pourraient-ils être transportés à prix réduit pendant l'été, afin d'éviter les encombrements qui se produisent chaque année en automne?

Le public a vu principalement dans les chemins de fer le côté le plus saisissant, à savoir la vitesse ; il en a conclu que cette rapidité des transports dispenserait le commerce et l'industrie des gros approvisionnements à l'avance, qui engagent les capitaux et nécessitent des surfaces d'entrepôts souvent considérables. Si l'on revenait aux magasinages, ce serait des dépenses de plus pour bon nombre d'industries.

Cependant des usiniers et des entrepreneurs ont calculé que la *vitesse* n'était pas, dans une foule de cas, un élément essentiel du travail ; qu'il suffisait de la *régularité*. Il faudrait dans tous les cas que les Compagnies offrissent des détaxes compensatrices, et de l'intérêt des avances, et des frais de location.

Il n'y a pas de conditions plus *locales* que celles qui se trouvent posées par cette dixième question. Nous croyons que l'expérience a été faite à Paris, d'approvisionnements de combustibles, de matériaux de construction destinés à n'être employés que longtemps après leur arrivée, et qui avaient profité de détaxes encourageantes. L'expérience n'aurait pas paru concluante, mais par la raison que dans Paris et sa banlieue, même avec le droit d'entrepôt, les locations sont les plus chères de France.

En province, les entrepôts d'engrais et d'amendements pour l'agriculture sont presque pour rien. Dans une sucrerie, la surface occupée par les monceaux de houille nécessaires à une année d'exploitation mériterait à peine d'entrer en compte. Resterait donc la question des intérêts du capital avancé ; il serait aisé, pour les Compagnies, d'établir la compensation, soit par les détaxes, soit par des crédits.

Les questions 9 et 10 accusent l'indolence inqualifiable des Compagnies. Comment se fait-il qu'elles n'aient pas encore trouvé, dans leur carrière d'exploitation, des occasions d'essayer ces innovations, largement appliquées en Angleterre? C'est que les administrations de nos chemins de fer, investies de privilége, armées pour anéantir sans péril les anciens moyens de transport, se sont endormies dans la quiétude de tout monopole indiscuté.

Puis elles n'ont ni les mœurs ni les émulations de l'industrie. Elles procèdent plus de l'administration que de l'entreprise; elles ne cherchent pas du trafic, puisqu'elles professent au contraire qu'il leur en vient toujours de trop. Elles *octroient* des tarifs, des règlements, des délais, comme un ministère ou une préfecture font des décrets et arrêtés, sans s'inquiéter des convenances des transporteurs, dont la satisfaction entraînerait un surcroît de trafic.

Onzième Question

Quelles sont vos observations sur les délais de livraison actuellement en vigueur?

Y aurait-il avantage pour certaines marchandises à avoir la faculté de payer des augmentations sur le tarif général pour obtenir des augmentations de vitesse?

Le projet de réponse de la société du Havre dit ceci :

« Les délais d'expédition en petite vitesse sont beaucoup trop longs; ils obligent souvent à réclamer la grande vitesse, mais l'augmentation considérable qui en résulte, et qui va jusqu'à quadrupler le prix du transport, gêne énormément le commerce.

Nous pensons que la création de services intermédiaires entre la grande et la petite vitesse, avec des prix établis sur des bases proportionnelles aux avantages accordés aux expéditeurs, donnerait beaucoup de facilités et serait très appréciée. »

Sous le rapport des expéditions encombrantes, nos Compagnies de chemins de fer sont encore dans l'enfance de l'art; leurs administrations n'ont pas su se mettre à la hauteur de la puissance de l'outil. La manipulation des colis se fait pour la plus grande partie à bras et à dos de portefaix; les grues à vapeur sont inconnues dans nos gares.

Il fallait adopter une unité de hauteur qui eût mis de niveau les planchers des wagons avec les quais et les camions. Il y a là tout un outillage à créer et à réformer avant de procéder aux réformes administratives.

Les Anglais ont complétement résolu ce problème des expéditions rapides.

Nous empruntons quelques faits aux Rapports de MM. Lan, Moussette et Bergeron :

« La législation anglaise se contente d'un précepte : les marchandises doivent être transportées *le plus tôt possible;* elle ne fixe aucun délai de rigueur. Mais l'usage ici est supérieur à toutes les prescriptions réglementaires. En fait, les expéditions livrées dans la journée sont enlevées au plus tard dans la nuit; la remise aux destinataires a lieu aussitôt après l'arrivée des trains. Voici quelques exemples d'application :

GREAT-WESTERN. — Toute marchandise remise en gare avant neuf heures du soir est expédiée dans la nuit et délivrée au point extrême à sept heures du matin. La distance de Londres à Bristol est de 192 kilomètres, et le délai de 12 à 14 heures.

DE LONDRES A EXETER, 313 kilomètres; délai maximum, 24 heures.

DE LONDRES A MILFORD-HAVEN, 467 kilomètres; délai maximum, en empruntant plusieurs lignes et embranchements, 36 heures.

LONDON AND NORTH-WESTERN, 483 kilomètres, 24 heures entre la réception et la remise.

GREAT-NORTHERN. — On reçoit et on délivre la marchandise nuit et jour; le chargement d'un train demande deux heures; on fait autant de convois qu'il faut, de façon à tout enlever. Le plus long trajet sur la ligne et ses prolongements est de 899 kilomètres. Les délais sont de 39 heures pour les denrées, et de 45 heures pour les marchandises de classes.

D'ÉDIMBOURG A LONDRES, 643 kilomètres, délai total pour l'enlèvement, le transport et la délivrance de la marchandise, de 30 à 40 heures.

DE NEWCASTLE A LONDRES, 20 heures pour 442 kilomètres.

SOUTH-EASTERN. — Les marchandises reçues en ville avant 5 heures et en gare avant 6 sont enlevées la nuit et délivrées le lendemain, à l'ouverture des gares.

Il arrive souvent que la marchandise abonde d'une manière exceptionnelle, par exemple lorsque des navires, retardés par les vents contraires, arrivent en même temps. *La fermeture des gares pour encombrement ne s'est produite qu'une fois* ; c'était à Liverpool : en prévision de la guerre entre le Nord et le Sud de l'Amérique, les filateurs de Manchester avaient voulu de suite emmagasiner leurs cotons. Quand la gare était pleine, on la fermait. Des expéditions ont pu être retardées d'un jour, jamais plus, la Compagnie faisant la nuit les trains suffisants pour enlever les quantités reçues dans la journée. Cela a duré sept jours. Il n'y a pas eu d'autre exemple de fermeture de gare en Angleterre.

Quelquefois les camions sont commandés par le télégraphe ; à l'arrivée du train de marchandises, chaque voiture se trouve alignée en face du wagon dont elle doit enlever le contenu.

Rien absolument n'empêche que la célérité anglaise ne soit importée chez nous : c'est affaire d'apprentissage pour nos administrateurs routiniers, rien de plus.

Douzième Question

Des réclamations sont-elles faites relativement à l'insuffisance soit du personnel, soit du matériel, soit des gares et voies de garage des Compagnies ?
Ces réclamations, s'il en existe, sont-elles fondées ?

Sur ce paragraphe, les plaintes formeraient déjà des volumes. Voici d'abord le projet de réponse de la Société du Havre :

« Le personnel est généralement insuffisant. Les chefs de station ne sont pas investis d'une autorité assez grande pour imprimer à leur service et aux employés sous leurs ordres une direction et une activité en rapport avec les besoins inégaux et multiples des affaires. Le matériel et les emplacements dans les gares ne répondent pas non plus à toutes les nécessités du service. Les manipulations, par suite, ne sont pas toujours faites avec le soin désirable, et trop souvent des erreurs d'expédition, des avaries ou des pertes de marchandises sont constatées.

La gare des voyageurs au Havre, affectée également au service des marchandises expédiées en grande vitesse, laisse particulièrement à désirer. A l'arrivée, elle présente pour les voyageurs de très grandes incommodités, et les marchandises, pour lesquelles il n'existe pas d'emplacement spécial, sont déposées sans ordre sur les quais d'embarquement, où elles gênent considérablement les services et le public, et ne peuvent être que très difficilement vérifiées ; il s'ensuit des erreurs et des retards à la livraison. »

Ce sont les exploitations houillères qui poussent les plus vives et les plus légitimes clameurs. Les faits surabondent ; ils pèsent sur une période de quinze et vingt ans.

La production normale quotidienne des mines de *Marles* (Pas-de-Calais) est de 12 à 15,000 hectolitres ; elle est réduite à 7,500 ou 8,000, faute de moyens d'expédition.

Le nombre des wagons demandés par jour depuis le 1er novembre est de 75 à 100 ; du 1er novembre au 23 décembre, il a été de.. 4.535
et le nombre des wagons livrés de..................... 1.267

Déficit...................... 3.268

Le carreau était encombré, à la fin de l'année, de 45,000 hectolitres, et les usines clientes de Marles chômaient, faute de combustible.

Commentry peut extraire par jour 2,000 tonnes, il n'en peut écouler que 1,800 au plus, faute de wagons ; quand il en demande 140 ou lui en envoie de 22 à 30.

En novembre, au lieu de 39,200 tonnes demandées, il n'a pu être chargé que 16,987 tonnes ; du 1er au 22 décembre, au lieu de 30,800 tonnes, il n'a été expédié que 12,097 tonnes.

Il restait alors un stock de 420,000 hectolitres ou 33,600 tonnes sur le carreau, valeur morte si on ne la déplace.

Est-ce une surprise, un cas imprévu de force majeure ? Point.

Dix ans avant, en 1861, le directeur des houillères de Saint-Etienne exprimait les mêmes plaintes.

« Du mois d'octobre à fin février, le service exige 3,500 wagons ; la Compagnie en avait obtenu :

En octobre........................... 2.936
En novembre.......................... 2.658
Première quinzaine de décembre...... 1.148

Au lieu d'une augmentation de 17 0/0 que réclamait le service d'hiver sur la saison d'été, le chemin de fer effectuait une réduction de 23 0/0, soit un écart de 40 0/0 entre les besoins et les moyens de les satisfaire. »

La Compagnie de Lyon a été condamnée à des dommages-intérêts pour n'avoir pas fourni le matériel nécessaire et exécuté les transports commandés :

En 1858, envers la Société de Montrambert et la Béraudière;

En 1860, envers celle de Roche-la-Molière et Firminy;

En 1861, envers les mines de Saint-Etienne, les Grandes-Flaches, les Verreries de la Loire et du Rhône.

Un jugement du tribunal de Béthune, du 16 février 1872, condamne la Compagnie du Nord à des dommages-intérêts envers la Société des mines de Marles pour avoir laissé chômer les fosses, faute de matériel de transport et d'expéditions faites à temps.

Au 25 septembre 1871, le bassin houiller de la Loire avait reçu 45,764 wagons de moins qu'en 1870; cinq Sociétés houillères ont été obligées, en la même année, de faire enlever par tombereaux, à des prix impossibles, 180,000 tonnes, sans préjudice d'une réduction équivalente dans le chiffre de l'extraction, faute de débouchés.

La crise de 1870-1871 n'a fait que mettre en relief une insuffisance déjà ancienne, permanente, organique des compagnies; la preuve résulte des dates que nous venons de citer.

Les faits argués portent plus haut que les prévisions du douzième paragraphe du questionnaire : ce n'est pas seulement le personnel, le matériel, la surface qui sont insuffisants, ce sont les chemins mêmes. Nos lignes sont absorbées par le service intérieur auquel elles ne parent pas toujours. Si la France est jalouse de conserver le transit entre la Méditerranée d'une part, l'Océan, la Manche, la mer du Nord et les frontières de terre de l'Est d'autre part, il faudra bien établir des voies nouvelles concurrentielles qui trouveraient à vivre rien que des parcours internationaux.

Treizième Question

Les expéditions à destination en gare sont-elles une cause d'encombrement, notamment dans les circonstances actuelles?

Suivant l'opinion du Havre, « les expéditions en gare donnent des facilités au commerce; elles peuvent devenir, dans certains cas, une cause d'encombrement, nous en avons eu des preuves; mais le taux élevé des frais de magasinage est un remède contre cet inconvénient. Cependant il serait désirable peut-être d'exiger des Compagnies qu'elles maintinssent constamment des espaces suffisants pour assurer le service journalier et empêcher qu'il ne soit interrompu par la négligence ou le calcul de quelques-uns au préjudice de tous. A cet effet, il y a lieu d'examiner s'il ne conviendrait pas que les locaux affectés aux expéditions en gare fussent entièrement séparés des services de la voie et des lieux de déchargement. »

Sur cette question, ce sont principalement les Compagnies qui récriminent contre le commerce. Elles se plaignent, et non sans motifs, que les destinataires, consultant leurs convenances personnelles, disposent des quais, des magasins, même des wagons, comme d'un entrepôt. Il a fallu autoriser les administrateurs à faire camionner d'*office* les arrivages, passé un certain délai.

Quatorzième Question

La création d'entrepôts privés serait-elle de nature à favoriser les déchargements rapides des wagons et à augmenter la puissance d'expédition et de réception des gares actuelles?

Quinzième Question

L'usage que le commerce fait actuellement des expéditions en gare est-il un obstacle à la création d'entrepôts privés?

Nous réunissons ces deux questions, parce qu'elles se réfèrent à un même problème, celui des entrepôts. Voici ce qu'en dit le projet de réponse du Havre :

« La création d'entrepôts privés peut être utile, mais elle aurait l'inconvénient de multiplier les intermédiaires. Il ne faudrait pas, par exemple, que par l'intervention d'un tiers les responsabilités disparussent, et qu'en cas de pertes ou d'avaries, le droit à l'indemnité devînt une lettre morte entre les mains de l'expéditeur ou du destinataire.

La suppression des expéditions en gare aurait pour effet, c'est probable, d'amener la création d'entrepôts privés. Il reste à savoir si, par les raisons que nous avons indiquées plus haut, la création de ces entrepôts réaliserait une grande amélioration. »

Les Compagnies de chemins de fer ont une tendance à mettre la main sur les services contigents à leur exploitation, et à arrondir leur privilége par voie d'annexion. Ainsi la Compagnie de Paris-Lyon-Méditerranée a construit à Bercy des caves considérables pour le magasinage des vins, des huiles, des alcools.

Nous croyons qu'il y a des limites à cette extension d'attributions, et que les docks, les magasins-généraux, les entrepôts doivent ressortir à l'initiative privée, aux entreprises individuelles ou par association.

Les denrées qui, comme les vins, les céréales, les foins, s'expédient en une saison, sauf à se consommer en toute une année, ont leur place déjà faite dans les magasins des particuliers ou dans des établissements municipaux, tels que la Halle aux vins de Paris, le Grenier d'abondance, les Dépôts de la guerre et de la marine. Les ports ont leurs docks reliés par des rails dans toutes les directions. Il ne s'agirait donc ici, dans le questionnaire, que d'entrepôts de *stationnement* pour les marchandises, quand les destinataires déclarent n'être pas prêts à prendre livraison immédiate.

Or, il vaut mieux pousser le commerce à se débarrasser de ces habitudes d'indolence que de lui donner les moyens d'y persévérer. L'exemple des Anglais est concluant : il n'y a d'économique que la promptitude des expéditions et du camionnage.

Seizième Question

Quelles sont, dans votre région, les augmentations de prix de transport, résultant des détours que les marchandises sont obligées de faire pour aller d'un point à un autre?

Les cahiers des charges et les conventions ont quelquefois, d'un commun accord entre les Compagnies et l'Etat, inscrit une solution à cette difficulté. Ainsi, en attendant que la ligne directe de Lille à Valenciennes fût construite, il était dit que le contour par Douai serait compté en kilomètres comme si la voie de raccourcissement était ouverte.

L'article 17 du cahier des charges, du 6 avril 1855, obligeait la Compagnie de l'Ouest à ne percevoir, entre Sillé-le-Guillaume et Fresnay, les taxes que pour 31 kilomètres, moitié de la distance réelle ; moyennant quoi la Compagnie était déchargée de l'obligation de construire un raccordement direct entre ces deux points.

Là Compagnie du Midi avait demandé la concession d'une ligne de Paris à Marseille, par le littoral, abrégeant de 45 kilomètres le trajet total entre les points extrêmes. La Compagnie de Lyon, craignant de voir les marchandises et les voyageurs déserter son embranchement par Tarascon au profit de la nouvelle ligne concurrente, obtint que la demande du Midi fût repoussée ; mais elle accepta par compensation la clause de décompter les 205 kilomètres de parcours *réel* à 160 comme *application*.

Ces deux clauses restèrent des années à l'état de lettre morte ; il fallut des protestations, des interventions et des influences pour obliger les Compagnies à en faire bénéficier le public.

Pouvait-on faire de telles stipulations la condition absolue des concessions? Oui, sans contredit, puisque le gouvernement ne marchandait ni les subventions, ni les garanties, ni les assurances contre toute entreprise concurrentielle ; l'administration des travaux publics n'y a pas toujours songé.

Cependant avec les raccordements et les lignes d'intérêt local, la difficulté signalée dans la seizième question sera de peu de durée. En voici une autre qu'il nous semble bon de prévoir.

Un chemin de fer d'intérêt local a été créé de Pont-de-l'Arche à Gisors, 54 kilomètres. La Compagnie de l'Ouest peut desservir les deux stations en venant bifurquer à Paris et transiter par la Ceinture. C'est dire que la section de Gisors à Pont-de-l'Arche ne pouvait faire l'objet d'une concession spéciale ; une entreprise ne peut pas tenir avec 54 kilomètres, surtout si la grande Compagnie de l'Ouest, en vue de ruiner la voie d'intérêt local, détaxe comme à 54 kilomètres les 188 que lui impose le passage par Paris.

Dix-septième Question

Quelles sont vos observations sur les services rendus par les commissaires de surveillance administrative et les inspecteurs de l'exploitation commerciale ?

Le contrôle des commissaires de surveillance sur les faits et gestes de la Compagnie est absolument illusoire, parce que ces fonctionnaires ont été placés de fait dans une sujétion absolue des états-majors de l'exploitation. Il ne servirait de rien d'invoquer des textes de lois ou de règlements pour montrer qu'ils ont *en principe* une absolue indépendance : ils sont *de fait* à la merci des ingénieurs et directeurs.

Ils sont, en outre, d'une ignorance et d'une incompétence absolues : nous venons de citer, à la précédente question, deux Compagnies se refusant à appliquer des détaxes qu'elles avaient consenties au cahier des charges. L'abus dura plusieurs années ; les commissaires de surveillance n'en eurent connaissance que par des réclamations d'intéressés, et encore se contentèrent-ils de laisser faire.

Mieux encore : en 1857, le 13 avril, un commissaire de surveillance signifiait à la Compagnie de l'Est un tarif relatif aux billets d'aller et de retour, déclarant que le coupon non présenté dans le délai convenu n'en conservait pas moins sa valeur argent ; le voyageur n'avait à payer que la différence entre le tarif général et le tarif réduit. Les Compagnies interprétaient à leur fantaisie : billet périmé, billet nul, et exigeaient le paiement du parcours complet. Le commissaire de surveillance, qui n'avait jamais lu le tarif dont il avait été chargé de faire la signification, dressa autant de procès-verbaux qu'il trouva de voyageurs invoquant le tarif légal, et cela pendant cinq ans, du 15 avril 1857 au 1er mai 1862, jour où, après deux heures de débats en police correctionnelle, ledit tarif fut exhumé, à l'ébahissement général, et de la Compagnie, et du commissaire de surveillance, et du procureur requérant qui ne l'avaient pas seulement lu.

Il est vrai qu'un mois après, le méprisé tarif fut changé au sens des prétentions de la Compagnie.

Les fonctions de commissaire de surveillance devraient être spécialement commerciales. On pourrait, dit le syndicat d'Indre-et-Loire, utiliser d'une manière efficace ces fonctionnaires si, au lieu d'être choisis parmi de vieux militaires retraités, ils étaient pris parmi des hommes jeunes, énergiques, versés dans les questions commerciales.

Dix-huitième Question

L'emploi de wagons appartenant à l'industrie ne serait-il pas de nature à prévenir le retour des crises semblables à celle que nous traversons?

Dix-neuvième Question

Quelles sont les conditions à établir pour fixer les rapports des Compagnies et des industriels qui fournissent leur matériel?

Le projet de réponse de la Société du Havre dit avec raison :

« L'emploi de wagons appartenant à l'industrie permettrait, on peut le supposer, dans les moments difficiles surtout, d'accélérer les transports ; mais il n'y a guère que les grands établissements industriels, les hauts-fourneaux, les mines qui puissent se prêter à cette combinaison, et au Havre, quant à présent, elle ne paraît pas susceptible d'être mise en pratique, du moins sur une échelle un peu étendue. »

Nous n'avons aucune expérience à citer, et pour parler de la question, il faut prendre l'exemple de l'Angleterre.

Les expéditeurs de houille fournissent eux-mêmes leurs wagons, soit qu'ils les achètent, soient qu'ils les louent à des constructeurs. Les Compagnies sont averties quelques heures à l'avance ; elles n'ont qu'à atteler la locomotive et à conduire le train à la destination indiquée ; elles sont ici simplement marchandes de force motrice et de traction.

En Écosse, sur les petites lignes, la manutention s'effectue par l'intermédiaire des expéditeurs au départ et des destinataires à l'arrivée ; c'est la suppression des hommes d'équipe au compte de la Compagnie.

Il est aisé de comprendre que la réception, l'inscription des marchandises, la délivrance des lettres de voitures, le camionnage, le chargement en wagon, le déchargement, la délivrance peuvent parfaitement s'exécuter par des entreprises de transport libres, autonomes, indépendantes, concurrentes, sans monopole, ni préférence, ni privilége, comme au temps du roulage. Alors les entrepreneurs amèneraient en ligne leurs wagons-porteurs ; la Compagnie du chemin de fer y attellerait sa machine, laissant à chaque gare indiquée les wagons en destination, dont le contenu serait réparti par les soins de l'agence.

C'était là tout le privilége originel en Angleterre : les premiers bills assimilaient les nouvelles voies aux *tram-roads*, sur lesquels chacun pouvait remorquer sa marchandise, à la condition d'acquitter un droit de péage à la Compagnie propriétaire. Si la Compagnie du railway voulait se charger de tout, elle avait la faculté, disait le bill, d'ajouter au péage *une raisonnable somme* pour se payer des frais de matériel, de traction et de manipulation.

Dans les environs de Newcastle, à Hetton-Colliery, à North-Seaton, des compagnies de charbonnages possèdent 1,000, 1,200, 1,500 et jusqu'à 2,000 wagons faisant le service, non-seulement entre la mine et les ports de Newcastle et de Shields, mais encore dans toutes les directions. Les vastes usines de Wigan, près de Manchester, possèdent également pour leurs charbonnages et leurs minières un matériel complet circulant sur les lignes des Compagnies à des conditions déterminées. Ces wagons appartiennent aux Sociétés ou leur sont donnés en location.

Sur le Great-Northern, on ne paie, si on circule avec son matériel, que 1 fr. 80 c. pour les 19 premiers kilomètres, tandis que sur le Great-Eastern, le même trajet avec les wagons de la Compagnie coûte 2 fr. 50 c. : 70 centimes de remise pour l'établissement qui fournit le wagon.

En France, le Creuzot seul possède un matériel de quelque importance.

Pour que l'expérience se réalisât chez nous sur une vaste échelle, il faudrait que les tarifs fussent établis comme en Angleterre : tant pour le service complet, tant pour la simple traction. L'industrie libre verrait si les conditions permettent d'espérer un produit rémunérateur pour cette spécialité à créer : « Construction et location de wagons, en dehors de tout privilége. »

Nous dirons ici comme au sujet des questions 9 et 10 : C'est l'apathie des Compagnies, trop bien dotées, qui fait que nous n'avons pas encore résolu le problème des wagons fournis, soit par les grandes Compagnies industrielles, soit par des entrepreneurs de location.

Il faut que les réformes visent jusqu'à favoriser la constitution d'agences de transport qui, — une fois les tarifs abaissés, unifiés, réformés, — se donneront la spécialité de recruter du trafic, de combiner des chargements à wagons et trains complets, des voyages aller et retour garantis à pleine charge. Il n'y a pas de meilleur moyen de sortir nos productions du blocus entretenu par les Compagnies.

Vingtième Question

Le régime actuel, qui règle les relations des Compagnies avec les embranchements particuliers, donne-t-il une facilité suffisante pour amener la construction de ces embranchements?

Les chemins de fer industriels et les embranchements destinés à desservir des intérêts particuliers sont au nombre de 478, d'une longueur totale de 252 kilomètres.

Les concessionnaires pourraient seuls répondre compétemment à la vingtième question; nous comptons bien qu'elle ne restera pas sans éclaircissements.

Vingt-unième Question

Existe-t-il des difficultés dans les relations des grandes, des petites Compagnies de votre région, et les Compagnies d'intérêt local?

Les grandes Compagnies elles-mêmes ont donné le scandale de querelles peu édifiantes. Ainsi, l'Ouest et l'Orléans ont été des années en dispute pour l'usage de la gare du Mans. L'Orléans et les Charentes se sont bâti des gares jumelles au lieu de gares communes. Les points communs à deux réseaux se trouvent tiraillés quand il n'y a pas de conventions.

La Compagnie de l'Ouest a refusé le transit sur moins de 100 mètres de ses rails aux entrepreneurs des petits chemins de Pont-de-l'Arche à Gisors et à Vernon, amenant des matériaux pour l'établissement de leur voie. Il a fallu décharger et mettre sur des voitures à chevaux le contenu des wagons pour le transporter à quelques pas plus loin, au point même où aboutissaient les rails de la grande Compagnie.

Or, on n'est encore qu'à l'époque de construction. Que sera-ce lorsque l'exploitation sera en pleine activité?

Vingt-deuxième Question

Y aurait-il lieu d'intervenir dans les conditions actuelles qui règlent la circulation respective des wagons entre les grandes Compagnies et les Compagnies d'intérêt local ou autres?

Si le ministère ne fait pas un règlement méticuleux de toutes les relations possibles entre les grandes et les petites Compagnies de chemins de fer, ce sera une impossibilité d'exploiter les petites lignes.

RÉSUMÉ

Nous résumons nos conclusions :

I. Révision des tarifs *généraux* au sens d'une réforme qui les mette *légalement* d'accord avec la moyenne perçue *effectivement* de 5 à 6 centimes par tonne et par kilomètre.

II. Classification des marchandises d'après leur valeur au lieu de production et leur importance comme matières premières à transformer.

III. Abaissement des tarifs généraux en vue de produire une augmentation de trafic. — Discussion de la proportion à introduire de suite dans cet abaissement, à titre d'expérimentation.

IV. Suppression des tarifs *spéciaux*, devenus sans objet par la réforme des tarifs généraux.

V. Tarification uniforme, à raison des distances, que le parcours soit effectué sur un ou sur plusieurs réseaux.

VI. Tarif unique de transit et d'exportation, sans distinction de marchandises.

VII. Réformes ayant pour but de provoquer la coopération des grandes usines et des entreprises à la fourniture ou à la location des wagons.

VIII. Facilités données à la constitution d'agences de transports.

IX. Introduction des présentes réformes dans les cahiers des charges qui accompagneront les concessions à venir.

CONSIDÉRATIONS D'ENSEMBLE

Le projet de réponse soumis à la Société pour la défense des intérêts havrais se termine par les considérations suivantes, de plus en plus dignes d'être offertes comme modèles aux déposants :

« Les questions qui précèdent ont chacune une grande importance ; mais un point nous paraît les dominer toutes : c'est celui de savoir si les intérêts des Compagnies de chemins de fer doivent prévaloir contre l'intérêt général. Jusqu'à présent, les Compagnies ont tout fait pour assurer et accroître leur monopole : construction de lignes concurrentielles, exploitation des voies navigables, des lignes de cabotage, elles ont voulu tout empêcher, avec l'intention de réunir entre leurs mains les services pour se les rendre plus profitables, au risque de limiter les transports aux seuls moyens dont elles disposent et de porter obstacle à l'accroissement de l'activité dans le pays.

Il est temps, croyons-nous, d'ouvrir les yeux sur les conséquences d'un pareil système. On a vu, notamment depuis un an, où il pouvait conduire. Sans doute, il existe des contrats ; sans doute, les Compagnies représentent de nombreux intérêts qu'il faut ménager ; mais toutes ces considérations ne peuvent faire que les voies de transport, chemins de fer ou autres, ne soient, avant tout, des créations d'intérêt public, d'un ordre tout à fait supérieur, et qui, quand les besoins du pays le commandent, ne sauraient se trouver arrêtées par des prétentions ayant un caractère essentiellement privé.

Il est donc nécessaire, si la législation ou des engagements antérieurement pris s'opposaient à toute amélioration utile, de chercher à les modifier sous peine de consacrer un état de choses qui ne serait autre que le renversement des notions économiques les plus simples.

La rapidité et le bas prix des transports sont devenus aujourd'hui absolument indispensables au développement des opérations commerciales. Tous les pays qui nous environnent, la Belgique et l'Allemagne principalement, nous ont devancés dans cette voie, et c'est contre la France surtout que sont dirigés leurs efforts. Les faits ne le prouvent que trop. De jour en jour le port du Havre, nous l'avons dit déjà, voit son trafic avec la Suisse, l'Alsace et même avec nos propres marchés du Nord et de l'Est, lui échapper, pour aller alimenter les ports d'Anvers, de Rotterdam, d'Hambourg, de Brême, etc., où règne une très grande activité, tandis que le nôtre est presque désert.

Il n'y a pas de signe plus évident, croyons-nous, de notre infériorité.

A notre tour donc, nous devons pouvoir multiplier nos moyens de transport, les rendre plus faciles et moins coûteux, si nous voulons lutter avec nos concurrents étrangers.

Mais ces améliorations sont-elles possibles avec le système restrictif actuel ? Nous ne le pensons pas, et c'est la raison qui nous fait insister sur la nécessité de le modifier.

L'avenir du pays est en jeu dans cette question des chemins de fer, on ne peut l'oublier.

La législation des chemins de fer a été viciée, dès l'origine, par l'ignorance. Les voies de communication par terre, fer et eau sont essentiellement du domaine public. On avait commis la grosse faute, en 1821-1822, d'aliéner les canaux aux mains de Compagnies, qui prétendaient en faire matière à dividende. On était aux prises avec les difficultés nées de cette violation d'une loi économique au moment même où s'ébauchait notre réseau de voies ferrées. La faute n'en fut pas moins reproduite, dans les mêmes termes, avec les chemins de fer.

Au temps des routes et des rivières naturellement navigables, le tarif des marchandises ne se composait que des frais de traction, d'exploitation, d'entretien. Avec les chemins de fer et les canaux, il y avait lieu, vu la cherté de l'établissement, d'ajouter aux taxes l'intérêt et l'amortissement du capital engagé.

On a voulu faire de la viabilité la base de bénéfices : la spéculation y a trouvé une surface d'évolution sans égale dans l'histoire. Des actions ont monté au double dès l'émission, au triple avant la mise en exploitation. L'Etat a été obligé de prendre à sa charge des déficits, des non-valeurs, de consentir des garanties, des subventions.

Aujourd'hui, les tarifs ont à défrayer des majorations de 1,500 pour 1,000, de 2,000 pour 500.

La loi économique des transports, c'est le prix de revient ; c'est, de plus, une certaine police destinée à atténuer, au moyen des tarifs, les circonstances mauvaises. L'Etat demande, et les Compagnies tolèrent, qu'en temps de disette les céréales circulent à des conditions de bon marché au-dessous du prix ordinaire, même déjà réduit par les tarifs spéciaux. C'est juste l'opposé de la loi économique industrielle, selon laquelle la cherté des services croît avec la demande et avec les besoins. Il n'y a donc pas à raisonner ici par analogie avec les industries : les chemins de fer, par cela seul qu'ils sont constitués en privilége, qu'ils ont reçu 1 milliard 1/2 de subvention contre 1,400 millions d'actions, et une garantie à 4 65 0/0 sur 4 milliards 1/2 d'emprunts, sont déclarés *institution d'utilité publique.*

Ces questions et un grand nombre d'autres sont loin d'être résolues ; peu de personnes sont au courant. Des expérimentations ont été tentées à l'infini à l'étranger ; leurs résultats, leurs tentatives mêmes ne sont pas connus chez nous.

Ainsi la Belgique a fait des réductions de tarifs, à mesure que s'allongent les parcours, une loi, un principe qui ne souffre pas d'exception. Nous sommes ballottés, nous, de tarifs généraux en tarifs spéciaux, communs, kilométriques, différentiels, de transit, d'exportation, de réexpédition, de détournement. Les plus grands praticiens et les applicateurs eux-mêmes s'y perdent et y commettent les plus grosses erreurs. Pourquoi ?

C'est que, suivant le manifeste de la Société centrale,

« L'organisation, la direction, le fonctionnement des chemins de fer ont été réservés exclusivement aux ingénieurs, aux secrétaires généraux des ministères, aux chefs de service des administrations publiques, aux financiers concessionnaires. On va y introduire le génie militaire, les voies ferrées ayant été reconnues, depuis nos désastres, pour un élément essentiel de la stratégie.

» Mais le commerce, l'industrie ne sont représentés nulle part, pas même au comité modestement qualifié de *consultatif.* Les tarifs des transports sont arrêtés sans le concours de ceux qui fournissent toute la matière transportable. »

C'est pourquoi la première des réformes doit être l'adjonction aux comités actuels d'une délégation des Chambres de commerce et d'agriculture, ainsi que des Chambres consultatives des arts et manufactures. Le fisc prend l'avis *des plus imposés* en matière de contributions, et l'organisation actuelle des chemins de fer bannit absolument des conseils administratifs les tributaires des tarifs, réduits de cette façon à un régime de bon plaisir et de règlements *octroyés* contre lequel protestent nos mœurs, notre droit et jusqu'à notre constitution politique. Les tarifs, pour l'homologation, relèvent des travaux publics ; les chemins de fer, en un mot, sont un domaine à l'occupation exclusive des ingénieurs.

Le premier article des réformes doit être la création auprès du ministère du commerce et de l'agriculture d'un comité consultatif du trafic et des tarifs, devant lequel passeront toutes les modifications proposées aux prix de transport, sans préjudice des propositions qu'aura le droit de faire ledit comité de sa propre initiative.

L'élément commercial, agricole, industriel a le plus pressant besoin et le plus grand devoir d'obtenir les améliorations dont nous venons de citer des spécimens. Il n'a chance d'aboutir que par la puissance de cohésion de ses réclamations et de ses moyens d'action.

C'est en vue de condenser les efforts des bonnes volontés éparses et d'éclairer les intelligences que la Société Centrale s'est fondée. Elle fait appel au concours de tous, et elle compte principalement sur celui des commerçants, des industriels, des producteurs de toutes sortes, que leur position, leur initiative, ou leurs fonctions ont constitué les représentants de l'intérêt collectif.

Paris. — Imprimerie Ch. SCHILLER, 10, rue du Faubourg-Montmatre.